MW00898414

This Gratitude Journal Belongs To:

_____

Today I Am Grateful For...

Today I Am Grateful For...

Today I Am Grateful For...

Today I Am Grateful For...

Today I Am Grateful For...

Today I Am Grateful For...

Today I Am Grateful For...

Today I Am Grateful For...

Today I Am Grateful For...

Today I Am Grateful For...

Today I Am Grateful For...

Today I Am Grateful For...

Today I Am Grateful For...

Today I Am Grateful For...

Today I Am Grateful For...

Today I Am Grateful For...

Today I Am Grateful For...

Today I Am Grateful For...

Today I Am Grateful For...

Today I Am Grateful For...

Today I Am Grateful For...

Today I Am Grateful For...

Today I Am Grateful For...

Today I Am Grateful For...

Today I Am Grateful For...

Today I Am Grateful For...

Today I Am Grateful For...

Today I Am Grateful For...

Today I Am Grateful For...

Today I Am Grateful For...

Today I Am Grateful For...

Today I Am Grateful For...

Today I Am Grateful For...

Today I Am Grateful For...

Today I Am Grateful For...

Today I Am Grateful For...

Today I Am Grateful For...

Today I Am Grateful For...

Today I Am Grateful For...

Today I Am Grateful For...

Today I Am Grateful For...

Today I Am Grateful For...

Today I Am Grateful For...

Today I Am Grateful For...

Today I Am Grateful For...

Today I Am Grateful For...

Today I Am Grateful For...

Today I Am Grateful For...

Today I Am Grateful For...

Today I Am Grateful For...

Today I Am Grateful For...

Today I Am Grateful For...

Today I Am Grateful For...

Today I Am Grateful For...

Made in the USA
Monee, IL
17 December 2020

53990596R00066